Conduire le changement du développement de l'e-gouvernement

Nsengi Karasharira

Conduire le changement du développement de l'e-gouvernement

Cas de la République Démocratique du Congo

Éditions universitaires européennes

Mentions légales / Imprint (applicable pour l'Allemagne seulement / only for Germany)
Information bibliographique publiée par la Deutsche Nationalbibliothek: La Deutsche Nationalbibliothek inscrit cette publication à la Deutsche Nationalbibliografie; des données bibliographiques détaillées sont disponibles sur internet à l'adresse http://dnb.d-nb.de.

Photo de la couverture: www.ingimage.com

Editeur: Éditions universitaires européennes est une marque déposée de
Südwestdeutscher Verlag für Hochschulschriften GmbH & Co. KG
Heinrich-Böcking-Str. 6-8, 66121 Sarrebruck, Allemagne
Téléphone +49 681 37 20 271-1, Fax +49 681 37 20 271-0
Email: info@editions-ue.com

Produit en Allemagne:
Schaltungsdienst Lange o.H.G., Berlin
Books on Demand GmbH, Norderstedt
Reha GmbH, Saarbrücken
Amazon Distribution GmbH, Leipzig
ISBN: 978-3-8417-9766-7

Imprint (only for USA, GB)
Bibliographic information published by the Deutsche Nationalbibliothek: The Deutsche Nationalbibliothek lists this publication in the Deutsche Nationalbibliografie; detailed bibliographic data are available in the Internet at http://dnb.d-nb.de.

Cover image: www.ingimage.com

Publisher: Éditions universitaires européennes is an imprint of the publishing house
Südwestdeutscher Verlag für Hochschulschriften GmbH & Co. KG
Heinrich-Böcking-Str. 6-8, 66121 Saarbrücken, Germany
Phone +49 681 3720-310, Fax +49 681 3720-3109
Email: info@editions-ue.com

Printed in the U.S.A.
Printed in the U.K. by (see last page)
ISBN: 978-3-8417-9766-7

— Une **science** aussi merveilleuse est au-dessus de ma portée, Elle est trop élevée pour que je puisse la saisir.

— Où irais-je loin de Ton esprit, Et où fuirais-je loin de Ta face?

— Si je monte aux cieux, Tu y es; Si je me couche au séjour des morts, T'y voilà.

— Si je prends les ailes de l'aurore, Et que j'aille habiter à l'extrémité de la mer,

— Là aussi Ta main me conduira, Et Ta droite me saisira.

— Si je dis: Au moins les ténèbres me couvriront, La nuit devient lumière autour de moi;

— Même les ténèbres ne sont pas obscures pour Toi, La nuit brille comme le jour, Et les ténèbres comme la lumière.

— C'est Toi qui as formé mes reins, Qui m'as tissé dans le sein de ma mère.

...

— Que Tes pensées, ô **Dieu**, me semblent impénétrables! Que le nombre en est grand!

Psaume 139 :6-13,17

AVANT PROPOS

La gestion du changement est un facteur pertinent pour les projets informatiques. L'engouement pour les outils et les concepts du «e-Gouvernement» est palpable à nos jours, à travers le monde. Des outils de plus en plus puissants confirment sa nécessité dans un monde en plein changement. Nous remarquons toutefois que plusieurs outils de collaboration sont actuellement disponibles, mais peu font de lien précis entre les systèmes informatiques classiques tel que l'**ERP** et les nouvelles fonctions de «e-Gouvernement» telles que les **blogs** ou les **wiki**. Ceci nous amène à préciser encore plus la pertinence de la gestion du changement dans de tels projets.

La façon d'amener le secteur public vers les concepts de «e-Gouvernement» sera donc tout aussi importante que le bon fonctionnement et le choix des outils. Il ne suffit pas seulement d'implanter des outils de nouvelle génération. Il faut que ces outils se lient au système déjà existant et qu'ils permettent une modification des modes de travail, une révision des processus actuels.

De cette façon, suivra un changement de culture du secteur public. C'est là le vrai défi du projet de «e-gouvernement » et je crois que le succès dépendra de la capacité des opérateurs de changement, à impliquer les gens et à communiquer l'essence même de l'intelligence collaborative tout au long des phases des projets.

TABLE DES MATIERES

1. INTRODUCTION

En ce début du XXIème siècle, l'informatique doit répondre aux grandes attentes du public : offrir à tous des chances égales et une intégration réussie dans l'économie nationale. Les pouvoirs publics à tous les niveaux ne peuvent se passer des possibilités nouvelles résultantes des grandes mutations de l'informatique, la plus innovante d'entre elles étant, le développement rapide du Web et ses réseaux sociaux.

Il est loin le temps où l'informaticien se suffisait lui-même, développant un système informatique dicté par la structure et la vision interne de l'entreprise, sans aucune considération pour les utilisateurs extérieurs.

Plus qu'une technologie ou un ensemble d'outils, l'informatique collaborative ou sociale, constitue un virage culturel qui permet aux pouvoirs publics de déployer une plateforme des services en ligne. Les agents de l'administration pourront accéder à travers l'Intranet, à un éventail d'information plus large, accessible grâce aux applications dites 'Backoffice' et améliorer ainsi leurs prestations aux usagers. Quant aux citoyens, ils pourront consulter leurs dossiers, soumettre des demandes, émettre des avis en ligne via les applications dites 'FrontOffice'.

L'avènement de l'e-Gouvernement au sein de l'administration élève la collaboration entre les pouvoirs publics et les citoyens. La participation accrue des usagers, des organisations non gouvernementales et du milieu des affaires, aux activités du secteur public, permet aux gouvernements de miser sur la capacité collective d'un nombre beaucoup plus grand de parties prenantes.

En adoptant cette approche, les gouvernements pourront répondre de façon plus efficace à un éventail élargi de défis. La puissance de la technologie informatique, conjuguée à l'intelligence collective des masses, permettra aux secteurs publics de demain, de faire plus et de le faire mieux.

En RDC, l'état des infrastructures réseaux et le niveau d'informatisation des services publics se présentent comme suit:

- Faible niveau d'informatisation des procédures de traitements, l'informatique se limite pour la plupart des cas aux traitements des textes ;
- La plupart des services publics sont isolés et ne sont pas reliés au backbone de l'Administration qui est en construction ;
- Les staffs informatiques sont insuffisants et non recyclés ;
- Les sites internet sont rares et de première génération : ils sont plus des vitrines et des sources d'information statiques limitées et sont loin d'être des outils de services ;
- les accès internet sont à faibles débits et limités. Ils servent pour envoyer/recevoir des emails, surfer sur le net et rarement pour communiquer entre services.

Loin de voir cette situation comme une fatalité, l'état vétuste et délabré de l'informatique du Gouvernement en RDC peut présenter un avantage certain, car il permet de mettre sur pied un nouveau système moderne, sans contraintes dues à l'existant.

Les architectes de l'e-Gouvernement en RDC ont les mains libres quant aux choix des infrastructures, des méthodologies et des logiciels, pour bâtir des plateformes modernes et puissants, qui bénéficieront des acquis de l'évolution technologique du 21ème siècle.

Il est évident qu'il y aura une résistance au changement des systèmes en exploitation par les employés. La façon d'amener le gouvernement vers les nouveaux concepts sera déterminant.

C'est là le défi du projet de l'e-Gouvernement en RD Congo et le succès dépendra de la capacité des pouvoirs publics, à impliquer les gens et à communiquer l'essence même de l'intelligence collaborative tout au long des phases du projet.

1.1.1. Définitions et concepts

1.1.2. e-Gouvernement

- **L'e-Gouvernement** est une traduction de *'e-Government'*, c.à.d. 'Gouvernement électronique'. Dans certains pays, l'appellation "Gouvernement en ligne" est préférée. Dans ce document, nous utiliserons l'une ou l'autre appellation indistinctement.

- **L'e-Gouvernement** se définit comme l'utilisation des Nouvelles Technologies de l'Information et des Communications (NTIC[1]) dans les administrations publiques, associée à des changements au niveau de l'organisation et de nouvelles aptitudes du personnel. L'objectif est d'améliorer les services publics, ainsi que de renforcer le soutien aux politiques publiques.

- **L'e-Gouvernement** peut se développer dans tout type d'administration ou de service public, en contact avec le public (front-office) ou non (back-office). Elle se caractérise par l'emploi des NTIC visant à améliorer les processus, la communication entre usagers et administrations ou entre administrations et l'efficacité de l'administration, que ce soit en terme de délais, de qualité, ou de productivité des agents publics. Les supports de l'e-Gouvernement sont nombreux. Nous pouvons citer à titre non exhaustif :
  - l'Internet c'est-à-dire les services web sur ordinateur et/ou sur téléphone mobile,
  - toute forme de télématique et de communication en champ proche tel Bluetooth,
  - les supports carte à puce, éventuellement combiné à la biométrie et/ou à la technologie RFID (carte d'identité électronique, passeport biométrique, etc.)
  - les procédures de vote électronique,

---

[1] Le terme **NTIC** couvre un large éventail de services, applications, technologies, équipements et logiciels, c'est-à-dire les outils comme la téléphonie et l'Internet, l'apprentissage à distance, les télévisions, les ordinateurs, les réseaux et les logiciels nécessaires pour employer ces technologies. Ces technologies sont en train de révolutionner les structures sociales, culturelles et économiques en générant de nouveaux comportements vis-à-vis de l'information, de la connaissance, de l'activité professionnelle, etc.

- la vidéosurveillance, laquelle peut converger avec l'informatique et aboutir à la constitution de bases de données et des procédés biométriques de reconnaissance faciale.
- Selon les outils Web utilisés pour développer l'**e-Gouvernement**, on distingue à nos jours deux générations:
- le **gouvernement 1.0** caractérisé par les pages statiques et une approche technologique orientée IT[1],
- le **gouvernement 2.0** qui privilégie le partage de données et dont l'approche technologique est orientée utilisateurs.

1.1.3. Réseau social

- ***Définition :***

Un **réseau social** est un ensemble d'identités sociales telles que des individus ou des organisations sociales reliées entre elles par des liens créés lors des interactions sociales. Il se représente par une structure ou une forme dynamique d'un groupement social. Des réseaux sociaux peuvent être créés stratégiquement pour agrandir ou rendre plus efficient son propre réseau social (professionnel, amical).

On trouve sur Internet toutes sortes de réseaux sociaux. Certains regroupent des amis de la vie réelle, comme les anciens d'une école ou les originaires d'une entité géographique donnée. D'autres aident à se créer un cercle d'amis, à trouver des partenaires commerciaux, un emploi ou autres. Il s'agit de services de réseautage social, comme Wiki, Facebook, MySpace, Twitter, Viadeo, Orkut, LinkedIn, Habbo, etc.

Un réseau social représente une structure sociale dynamique se modélisant par des sommets et des arêtes. Les sommets désignent généralement des gens et/ou des organisations et sont reliées entre elles par des interactions sociales.

---

[1] Information Technology c'est à dire Technologie de l'Information ou Informatique

Les six degrés de liaison est une théorie établie par le hongrois *Frigyes Karinthy* en 1929 qui évoqua la possibilité que toute personne sur le globe peut être reliée à

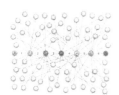 n'importe quelle autre, au travers d'une chaîne de relations individuelles comprenant au plus cinq autres maillons.

Cette théorie, reprise en 1967 par *Stanley Milgram* à travers l'étude du petit monde, a été illustrée en 2008 par *Eric Horvitz* et *Jure Leskovec*, chercheurs chez Microsoft, en analysant des discussions de <u>*Windows Live Messenger*</u>.

Cette théorie peut se démontrer de nos jours avec le site Facebook, qui met en évidence les liens que nous avons avec les autres et les liens que nous avons avec des personnes que nous ne connaissons pas (les amis de nos amis).

1.1.4. Mashup

En informatique, le **mashup** ou **application composite** est une application qui combine du contenu ou du service provenant de plusieurs applications plus ou moins hétérogènes.

Dans le cas de site Web, le principe d'un mashup est donc d'agréger du contenu provenant d'autres sites, afin de créer un site nouveau. Pour ce faire, on utilise le plus souvent les objets *XMLHttpRequest, RSS, AJAX* du côté client, et les *API*[1] (ou les Services Web) des sites dont on mixe le contenu.

Les mashups présentent un potentiel d'innovation important grâce à la fusion de multiples services Internet. Ils offrent en outre la possibilité de livrer des applications Web rapidement, à un faible coût et avec des composants réutilisables.

---

[1] Application Programmatic Interface

1.1.5. Évolution du Web

- *Web 1.0 - 1995->2003*

C'est la toute première version du web caractérisée par des pages statiques, qui permettaient d'afficher des informations sur papier sous forme numérique dans des pages html.

Cette version ne s'est toujours pas arrêtée et l'on voit encore aujourd'hui des sites internet dits professionnels qui ne comportent qu'une plaquette scannée avec 2 ou trois lignes de texte. Il s'agit de reproduire les modèles connus de l'édition papier, de les adapter aux navigateurs internet. L'internaute n'est alors qu'un spectateur, extérieur au système d'information.

- *Web 2.0 - 2003 -> 2008 :*

De la simple consultation des données à un lieu d'expression riche en interaction

Le Web 2.0 est plus orienté partage de données, il répond à la question que devait se poser tout propriétaire de site internet : comment ce que je mets en ligne peut-il être partagé avec d'autres utilisateurs. L'internaute n'est plus simplement spectateur, on veut qu'il devienne acteur. Dans cette optique sont apparus les réseaux sociaux et le phénomène de syndication: les fameux flux RSS. L'internaute est devenu acteur !

C'est le domaine du XML, des RSS et de l'AJAX. On partage l'information et les documents sont connectés (blogs, photos et vidéos en ligne, Wikis), les utilisateurs ont d'avantage de pouvoir (leur avis devient précieux), la collaboration entre les sites marchands s'établit et les phénomènes de mashups se multiplient.

Il y a eu mutation du comportement des internautes : les outils qui existaient déjà dans le web 1.0 ont été intégrés à grand coup d'Ajax et autres technologies dans des sites accessibles directement par le navigateur internet : un seul logiciel pour toute une série de ressources !

Le Web 2.0 est apparu sur les ruines du Web 1.0, avec le développement de l'interactivité, des forums, des widgets, des fils RSS. C'est l'époque des blogs et la règle de SPIP. On est passé du moyen-âge du Web à une guerre de mouvement, où le contenu tend à devenir plus important que le site qui le porte.

- *Web 3.0 - 2008 ->*

Que vous en ayez besoin ou pas, nous allons faire quelque chose pour vous. Quelques indices :

Une portabilité et une mobilité exceptionnelle (de l'ordinateur au téléphone portable en passant par la WII de Nitendo, votre radio réveil, votre télé et votre réfrigérateur). Un web déstructuré: plus besoin d'aller sur Internet, c'est Internet qui vient à vous.

Le **web 3.0** pourrait se détacher des serveurs pour privilégier les échanges entre personnes, une interactivité qui se passerait en temps réel. Ce n'est plus ce que je choisis de publier qui constituerait la source d'information, mais ce que j'ai choisi de partager dans ma vie numérique. On passerait d'un acte volontaire à un réflexe acquis.

Internet deviendrait intelligent, **Google** fait œuvre de «précurseur» dans ce domaine. Les abonnés à Gmail peuvent déjà recevoir des textes publicitaires contextuels relatifs à leur correspondance. **Picasa 3.0** permet la reconnaissance faciale. On commence à entrevoir un **web sémantique**, l'intégration des données connectées et des moteurs de recherches intelligents. Imaginez un moteur de recherche avec qui vous pourriez chatter, un site marchand qui saurait vous conseiller en ayant accès à votre profil numérique déposé sur tel ou tel autre site.

Avec le **web 3.0** viendront sûrement les illusions des gadgets technologiques et la facilitation d'une réalité pratique de la vie quotidienne ainsi que tous les risques liés aux excès d'information, à l'atteinte à la vie privée, à la traçabilité, à la recherche sur les bases de données.

Le réseau est capable de gérer votre **net-identité** et en fonction de cette identité et d'une synthèse des données (qui concernent votre profil -maintes fois étudié – mais aussi qui sont fonction de l'actualité), un contenu qui est uniquement proposé à votre profil numérique. Le réseau social prend le pas sur l'individu, mais c'est **l'individu numérique** qui est au centre du web 3.0.

Essayez d'y échapper ? Si vous êtes déjà sur <u>Internet</u>, il est trop tard. Les empreintes de votre vie privée numérique vous trahissent avant même que vous en ayez pris conscience.

1.1.6. Évolution technologique de l'e-Gouvernement

Selon qu'on utilise les outils Web de première, deuxième ou troisième génération, l'organisation interne de l'entreprise doit être restructurée. Nous donnons ci-dessous les trois structures correspondantes aux 3 générations des outils Web présentées ci-dessus:

- *Gouvernement 1.0*
    Représentations graphique

- Arborescence classique,
- Le document n'existe que par sa position dans l'arborescence du système
- Accès au document via le système de navigation mis au point par la DSI.

Le *gouvernement 1.0* se définit par l'utilisation des outils traditionnels dits du *web 1.0* pour améliorer les services du gouvernement au public.

Les utilisateurs sont hors réseau, se réduisent en spectateurs passifs et ne peuvent ainsi contribuer aux débats.

Dans ce modèle, des procédés traditionnels plus exigeants en main-d'œuvre sont utilisés, et les ressources ne peuvent pas être partagées de façon optimale aux différents niveaux (local, national et international).

Ces procédés limitent le champ d'action des gouvernements ainsi que la rapidité et l'exhaustivité de leurs interventions.

- *Gouvernement 2.0*
  Représentations graphique

  - Tags, commentaires, articles divers
  - Le document existe indépendamment de son emplacement et de sa classification
  - Accès au document via une multitude de chemins créés par les utilisateurs.

Le *gouvernement 2.0* se définit par l'utilisation des outils collaboratifs du *web 2.0* pour rendre un gouvernement plus ouvert, transparent, collaboratif, réactif et efficace. Le principe de base est l'usage des NTIC pour rendre les administrations plus transparentes, collaboratives et participatives.

Le terme anglo-saxon «*Government 2.0*» exprime plus qu'un usage, il définit une nouvelle philosophie, une nouvelle approche, un nouveau mode organisationnel et une nouvelle culture basés sur l'efficacité, l'ouverture et le dialogue.

Alors que le gouvernement 1.0 ressemblait à un distributeur automatique où chacun payait sa redevance pour accéder à un service, le gouvernement 2.0 transforme cette relation et l'administration devient une plateforme où les acteurs se rencontrent pour administrer au mieux leur quotidien, générant interaction, innovation, transparence, collaboration et participation.

L'*e-administration* n'est qu'une partie du concept du *gouvernement 2.0* qui, au delà de l'usage des nouvelles technologies, représente une philosophie d'ouverture.

— **Les clés :**

- o **Ouverture** : ouverture des données pour informer au mieux les citoyens et assurer la transparence

- o **Dialogue**: présence sur les réseaux sociaux, tchat, blogs, facebook … relations directes avec les citoyens/usagers, participation et collaboration

- o **Optimisation**: meilleurs rendements, gain de temps et d'argent, services optimalisés.

— **Il existe 5 degrés d'implémentation:**

- o **Niveaux 1 et 2 :** Permettre aux employés de communiquer différemment par le truchement d'un blog ou des réseaux sociaux et s'en servir stratégiquement pour informer adéquatement les citoyens.

- o **Niveau 3 et 5 :** Développer une plateforme pour faciliter le débat avec la population et se servir de cette participation pour changer les processus en interne.

- o **Niveau 4 :** Communiquer toute l'information sur des données non-sensibles produites par le gouvernement.

- ▪ *Gouvernement 3.0*
  Représentations graphique

  - Agrégateur, analyse sémantique, comportement mentale
  - Le document n'est plus une destination, il alimente un moteur sémantique
  - Accès à l'information: agrégation des parcelles de documents en fonction des critères de recherches et du profil de l'utilisateur.

Le *gouvernement 3.0* se définit par l'utilisation des outils *web 3.0*. Jusqu'à ce jour, ce modèle reste théorique et futuriste. Il faudra attendre l'avènement des nouvelles technologies pour déterminer l'architecture et les caractéristiques pérennes de ce modèle ainsi que sa faisabilité.

1.1.7. Objectifs de l'e-Gouvernement

- *Services à la population*

En termes de **services à la population**, l'*e-Gouvernement* a pu montrer ses avantages dans la vie quotidienne des citoyens. Le gouvernement en ligne :

- permet d'obtenir plus facilement des informations des pouvoirs publics,
- facilite grandement les transactions des administrés en réduisant les délais d'attente,
- favorise l'établissement d'une relation directe entre les administrés et les décideurs, grâce notamment, aux forums en ligne, aux salles de discussions virtuelles et aux votes électroniques,
- donne la possibilité aux citoyens de pouvoir interroger directement les décideurs et exprimer leur avis sur les politiques publiques.

Aujourd'hui, les **portails Internet à guichet unique**[1] deviennent progressivement la norme pour la fourniture de services publics à la population.

- *Services aux entreprises*

S'agissant des **services aux entreprises**, l'amélioration de la fourniture de services administratifs électroniques entraîne un gain de productivité et de compétitivité. Cela provient de la réduction des coûts des services publics eux-mêmes

---

[1] Portail à guichet unique: c'est un point d'entrée Internet unique pour une thématique donnée. L'utilisation du portail ne nécessite pas de connaître l'organisation des départements administratifs qui interviennent dans la fourniture du service public

mais aussi des coûts de transaction pour les entreprises (temps, efforts). Par exemple, le traitement électronique des douanes, les déclarations fiscales en ligne ont l'avantage d'accélérer les procédures tout en améliorant la qualité des opérations. La sophistication des services en ligne, en termes d'interactivité et d'offres de transactions, progresse plus vite pour les services aux entreprises que pour les services à la population.

- *Services entre administrations*

En ce qui concerne les **services entre administrations**, *l'e-Gouvernement* permet de renforcer la coopération verticale entre les autorités aux niveaux national, régional et local ; mais aussi la coopération horizontale entre les services des différentes institutions.

Le concept *e-Gouvernement* englobe deux volets : *l'e-administration* et *l'e-démocratie*. *L'e-administration* sert à assurer, comme nous venons de le décrire, la marche régulière des services publics en interne et en faveur des usagers. *L'e-démocratie* correspond à l'institution d'un dispositif destiné à permettre au citoyen de participer à l'élaboration et à la détermination des lois au moyen des NTIC. Les projets de vote en ligne s'inscrivent dans cette deuxième catégorie.

1.1.8. Une logique orientée vers les citoyens et les entreprises

Le gouvernement électronique s'adresse aux citoyens et aux entreprises afin de leur offrir de l'information et des services en ligne. Un principe fondamental consiste à structurer le contenu de l'*e-Gouvernement* en fonction de la ligne de vie du citoyen (apprendre, se soigner, se déplacer, travailler, se loger...) ou de la ligne de vie des entreprises (créer une entreprise, participer à des marchés publics, gérer les impôts, engager du personnel...). On structure ainsi l'information en fonction des **intentions** du citoyen et non pas en fonction de **l'organigramme des administrations**.

1.2. Pré requis à la généralisation de l'e-Gouvernement

Un certain nombre de questions prioritaires doivent être réglées afin de lever les obstacles à la mise en œuvre de l'administration en ligne. Il s'agit de :

1.2.1. Accès pour tous

- Assurer à tous les citoyens l'accès aux services publics en ligne est une condition sine qua non à la généralisation de l'administration en ligne. La question est d'autant plus importante que la **fracture numérique** - liée à l'inégalité d'accès à l'information et aux technologies informatiques - est bien réelle en RDC et risque de se transformer en **fracture administrative**.

- **L'enseignement et la formation** sont essentiels pour acquérir les connaissances en informatique nécessaires pour tirer tous les avantages des services qu'offre l'administration en ligne. L'apprentissage de l'informatique doit constituer une priorité des priorités et doit être planifié dans les programmes de l'enseignement à tous les niveaux.

- Aussi, une meilleure accessibilité des services passe également par un renforcement des **infrastructures**, permettant l'accès aux services par le biais de diverses plateformes: points d'accès Internet publics, ordinateurs personnels, télévisions numériques, terminaux mobiles, etc.

1.2.2. Confiance des utilisateurs

Les services publics ne peuvent être proposés en ligne que dans un environnement permettant de garantir aux utilisateurs un accès en toute sécurité. Dans cet objectif, la confidentialité des données à caractère personnel, la sécurité des transactions et des communications numériques sont des aspects de première importance devant faire l'objet d'une protection maximum.

La sécurité des réseaux et de l'information, la lutte contre la cybercriminalité et la sécurité de fonctionnement sont des conditions préalables à la généralisation de l'administration en ligne.

1.2.3. Interopérabilité

L'interopérabilité désigne le moyen par lequel les systèmes, les informations et les méthodes de travail sont interconnectés. L'interopérabilité des systèmes d'information permet ainsi d'intégrer la fourniture de services en un **guichet unique**, quel que soit le nombre de systèmes ou organismes administratifs différents qui interviennent.

Dans l'interopérabilité, il ne s'agit pas seulement d'interconnecter des réseaux d'ordinateurs, mais aussi de traiter des questions d'organisation concernant, par exemple, la nécessité d'assurer l'interfonctionnement avec des organisations partenaires dont l'organisation interne et le fonctionnement peuvent différer.

La mise en place des services d'*e-Gouvernement* passe nécessairement par la définition des normes et des standards communs entre les différentes institutions de l'État.

1.3. L'e-Gouvernement en Afrique

1.3.1. L'e-Gouvernement est-il prématuré, vu les handicaps structurels ?

Pour l'internaute européen ou nord-américain avisé, l'*e-Gouvernement* fait déjà partie du décor technologique. Lorsqu'il remplit sa déclaration de revenus ou signale son changement d'adresse à la sécurité sociale via Internet, l'européen ou le nord américain utilise, sans peut-être en connaître le nom, les services publics proposés par l'*e-Gouvernement* de son pays.

La situation est fondamentalement différente dans les pays en développement, et notamment en Afrique.

Étant donné les handicaps structurels de l'Afrique, *est-il prématuré de s'interroger sur l'impact que peuvent y avoir les nouvelles technologies ?*

Peut-être, si l'on considère les taux d'alphabétisation dans la plupart des pays du continent, ou la quasi absence d'infrastructures en matière de NTIC. Une étude de la CNUCED[1], souligne par exemple que seul **1 habitant sur 118** dispose d'un accès à Internet. Et ces internautes sont majoritairement concentrés dans cinq pays : l'Afrique du Sud, l'Égypte, le Kenya, le Maroc et la Tunisie.

Non, si l'on juge les expériences et réalisations déjà couronnées de succès dans les pays dit du sud :

- Au Pérou et au Nicaragua, un projet d'implantation d'un réseau visant à interconnecter les professionnels de santé dans des zones montagneuses et enclavées, a été réalisé avec succès. Ce, en se reliant à Internet par satellite, et en construisant un réseau sans fil grâce aux ondes radio (VHF ou HF). Le coût d'équipement d'un site était de 2 à 4 000 dollars.

---

[1] Conférence des Nations Unies sur le Commerce et le Développement

- Au Maroc, un projet de création d'un site d'orientation et d'information chargé de recueillir les plaintes des citoyens concernant les procédures administratives est opérationnel. Le ministre de la Modernisation du secteur public a annoncé la mise en place d'une plateforme d'échange d'informations entre les différents services publics.

- En Angola, l'État vient de lancer un grand programme de développement de la gouvernance électronique, l'*e-Gouvernement*, dont le but est de fournir des services à ses ressortissants.

- En Tanzanie, le gouvernement a mis en réseau le système de paiement de 280 000 fonctionnaires. Résultat : un traitement plus rapide et une transparence qui ont donné des résultats inattendus. Le système a permis de découvrir une multitude d'emplois fictifs et, donc, de faire des économies en les supprimant…

- En Afrique du Sud, un partenariat scellé entre Microsoft et l'Éducation nationale permet à 32 000 écoles de bénéficier gratuitement des logiciels de la firme américaine, et au ministère d'économiser dix millions de dollars par an ! En effet, les logiciels sont les premières pierres dans la construction de ponts technologiques pour la maîtrise de l'Internet et de l'informatique.

- En Ile Maurice, des bornes ont été installées dans les services postaux afin que les citoyens puissent disposer d'un ordinateur pour profiter des services publics en ligne. Et ça été couronné de succès. Que dire de plus ?

- Enfin, le projet indien **Simputer**[1], contraction de «Simple Computer » permet tous les espoirs. Le Simputer tient dans une main, il ne nécessite pas de

---

[1] est un ordinateur de la taille d'un livre de poche doté des programmes de base (navigateur internet, logiciel de saisie …) mis au point par des chercheurs indiens

connaissances en informatique et parle différentes langues, ce qui le rend accessible aux analphabètes. Une prise de téléphone et son alimentation grâce à trois piles ordinaires permettent de le connecter à Internet et règle le problème de l'électricité. Et, il ne coûtera que 200 euros environ.

Les nations unies (ONU) ont défini un indice intitulé "*2010 UN Global E-Government Readiness Survey*" pour l'évaluation du degré d'application des NTIC par les administrations publiques de manière à améliorer leurs prestations de services. Dans le monde 192 pays sont classés. Parmi les pays africains on compte : la Tunisie (66ème), l'île Maurice (77ème), l'Égypte (86ème), l'Afrique du sud (97ème), la Libye (114ème), le Maroc (126ème), l'Algérie (131ème), la Mauritanie (157ème).

L'*e-Gouvernement* en Afrique fait, certes, ses premiers pas. Les sites des ministères et administrations sont plus des vitrines et des sources d'information statiques limitées et loin d'être des outils de services. Mais tous les experts s'accordent sur un point : Internet peut faire progresser l'Afrique.

Oui, **mais si et seulement si** les pouvoirs politiques et économiques du continent le décident et financent des programmes d'alphabétisation et de développement des infrastructures NTIC.

1.3.2. *Programme de développement des NTIC au sein de la CEMAC*[1]

La Stratégie NTIC de la CEMAC a été mis en place en 2005 et est dénommée *e-cemac2010*. Elle est subdivisée en 6 sous programmes :

- l'harmonisation des cadres réglementaires et législatifs (textes légaux et sur la Cybercriminalité et la Cybersécurié …),

- le développement des infrastructures et l'interconnexion des réseaux :

---

[1] La CEMAC (Communauté Économique et Monétaire de l'Afrique Centrale) a été crée en juin 1999 en remplacement de l'UDEAC (Union Douanière des États de l'Afrique Centrale). Elle est composée de 6 pays (Cameroun, Centrafrique Congo, Gabon, Guinée Équatoriale, Tchad)

- la mise en place d'un Projet d'interconnexion des réseaux de télécommunication des pays de la CEMAC par fibre optique appelé Projet CAB (Central African Backbone),
- le développement des stratégies sectorielles (*e-Gouvernement, e-commerce, e-santé, e-éducation…*),
- l'utilisation des NTIC dans les PME/PMI,
- la recherche et développement sur les NTIC,
- le renforcement des capacités de la CEMAC.

1.3.3. Rôle charnière de la RDC

La RDC, de part sa position géographique, se retrouve au centre de l'Afrique. Le développement des infrastructures NTIC en fibre optique et l'interconnexion des réseaux constituant le backbone africain, ne peuvent se faire sans la RDC.

Le sort de la modernisation des NTIC du continent se retrouve donc lié à celui de la RDC. Ceci constitue une raison essentielle, pour définir et appliquer une politique nationale des NTIC qui, tout en répondant aux besoins internes, va permettre l'interconnexion au niveau régional et international des autoroutes d'information en Afrique.

1.3.4. Les préalables à l'e-Gouvernement en RDC

- souligner les défis stratégiques auxquels la RDC est confrontée;
- démontrer la valeur de la collaboration en ligne pour le gouvernement et les citoyens;
- identifier une stratégie de transition à la culture de l'e-Gouvernement.

2. ÉTAT DES LIEUX ET DEFIS STRATEGIQUES POUR LA RDC

2.1. État des lieux de l'Internet et des NTIC

2.1.1. Statistiques nationales

Avec une densité de l'ordre de *14 lignes téléphoniques pour 100 habitants* (dont 0.06 lignes fixes), la RDC présente un niveau de pénétration faible. Cette pénétration reste inférieure à celle de plusieurs pays voisins de la zone Afrique Centrale qui atteignent 30 à 40 lignes pour 100 habitants.

La proportion des **ménages disposant d'un ordinateur** était, en 2007, de **0.3%** (contre 10.1 au Cameroun, 5.0 au Congo Brazzaville et 4.3 au Gabon) et celle des **ménages ayant accès à l'Internet de 0.2%** (contre respectivement 5.2, 1.4 et 3.6 dans les pays ci-dessus).

L'indice de développement des TIC (ICT Development Index) établi par l'Union Internationale des Télécommunications (UIT), qui mesure le niveau d'avancement des technologies de l'information et de la communication (TIC) dans plus de 150 pays, place, en 2007, avec un indice de **0,95, la RDC à la 151ème place sur 154.** Ses 3 sous-indices à savoir : accès aux TIC, utilisation des TIC et compétences en matière de TIC, classent le pays respectivement à la 154ème, 151ème et 137ème position.

L'indice de développement de la gouvernance électronique des Nations Unies, composé aussi de trois sous indices que sont : l'indice de mesure du web, l'indice de mesure des infrastructures de télécommunications, et l'indice de mesure du capital humain, classe la RDC, avec un indice de **0,2177, 162ème sur 192 pays.**

Le segment de **l'accès à l'Internet** reste très limité avec environ **10 000 abonnés concentrés sur Kinshasa et les principales villes du pays**. Les tarifs d'accès sont très élevés et les bandes passantes offertes très limitées, du fait de **l'absence d'infrastructure nationale et internationale haut débit** en RDC. De nombreux réseaux indépendants, déclarés ou non, utilisent des connexions directes par satellite des fournisseurs internationaux. Dans ces conditions, le développement des Technologies de l'Information et de la Communication **est lent et coûteux**.

2.1.2. Répartition géographique des NTIC

En outre, les réseaux sont concentrés sur deux grands axes, l'un au Sud-ouest (Kinshasa – Mbujimayi – Lubumbashi) et l'autre à l'Est (Bunia - Goma - Bukavu) où se concentre une part importante de la population (grandes villes) et des marchés rentables. Les populations rurales, qui représentent plus de 75% de la population du pays, ont un accès très limité aux services de télécommunications.

2.1.3. Une croissance due à la téléphonie mobile

Les réseaux et les services de télécommunications en RDC ont connu une très forte croissance depuis le début de la décennie en termes de nombre de clients et de chiffre d'affaires, principalement grâce au très fort développement de la **téléphonie mobile, porté par les investissements des opérateurs privés**.

Le dynamisme du marché du mobile est confirmé par **une croissance annuelle moyenne de près de 50%** du parc de clients actifs depuis 5 ans et une **croissance moyenne du chiffre d'affaires sectoriel de l'ordre de 25% par an** sur la même période.

Le segment de la téléphonie fixe, dont les principaux acteurs sont des entreprises publiques, n'a pas pu résister au développement du mobile, faute d'infrastructures susceptibles d'accompagner ce développement, de moyens financiers et de vision stratégique. Trois opérateurs interviennent sur ce marché très exigu, limité à la capitale et à quelques grandes villes.

2.1.4. Cadre légal

Le **cadre légal** régissant le secteur des télécommunications et NTIC de la RDC a été défini en 2002. Il est fondé sur un modèle de marché où un exploitant public développe un réseau de référence fournissant aux autres opérateurs l'interconnexion et des capacités de transmission nationale et internationale. A ce jour, le réseau de référence prévu par la loi n'a pas été mis en place et chaque opérateur ou chaque utilisateur indépendant a développé ses propres infrastructures de transmission en fonction de ses propres besoins. Cette évolution a permis l'éclosion d'un marché concurrentiel et le développement massif de la téléphonie mobile. Toutefois, on assiste à une multiplication des infrastructures de transmission de petite ou moyenne capacité concentrées dans les zones les plus peuplées, mais pas à la création des infrastructures haut débit qui seraient nécessaires au développement des TIC.

La création d'une Autorité de régulation (l'ARPTC[1]) par la législation adoptée en 2002 constitue une évolution importante vers une organisation de marché conforme aux évolutions mondiales du secteur.

2.1.5. Activités informatiques

Aucune structure n'avait été mise en place pour coordonner les activités informatiques, depuis la suppression de fait du Service Présidentiel d'Études en 1997, qui avait pour mission, à travers son Département de l'Informatique, de coordonner les activités informatiques sur le plan national. La création récente de la Cellule Technique des Technologies de l'Information et de la Communication au Ministère des PTT n'a pas pallié à cette carence.

---

[1] Autorité de régulation de la Poste et de Télécommunications au Congo

Dans la plupart des administrations et entreprises congolaises, le traitement manuel prédomine à l'heure actuelle avec comme conséquences :

- la lenteur dans le traitement et la facilité dans la falsification des données,
- la conservation peu rassurante des données et des archives,
- la difficulté de consultation des dossiers et documents et la perte de temps dans le traitement des dossiers,
- les délais importants pour l'obtention des documents administratifs,
- le manque des statistiques fiables et,
- la difficulté de transmission et de communication de l'information entre les différentes administrations et entreprises et même au sein de celles-ci.

Néanmoins quelques administrations ont, outre la bureautique à laquelle sont utilisés la plupart des ordinateurs, mis en place des applications opérationnelles notamment :

- la gestion de la chaîne des dépenses,
- les impôts.

Mais généralement, ces applications ne donnent pas satisfaction. De plus, développées par chaque administration indépendamment des autres, elles servent plus à satisfaire les propres besoins de gestion de celle-ci qu'à permettre la communication avec d'autres administrations et les usagers.

Au niveau des entreprises, les grandes structures ont généralement informatisé leur gestion, ce qui n'est pas le cas des petites et moyennes entreprises. Dans ces grandes entreprises, les applications les plus courantes sont la paie et la comptabilité. Néanmoins, quelques applications spécifiques peuvent être trouvées, particulièrement au niveau des banques. A titre d'exemple, la gestion des alimentations, des agences de voyage, de la clientèle et des guichets automatiques des banques, les cartes de crédit, la consultation des comptes par internet.

L'industrie des équipements et des consommables est quasi inexistante malgré quelques initiatives de montage de PC sur place. La plupart des matériels informatiques sont importés principalement de l'Europe et de l'Asie, et accessoirement des États-Unis.

La production du logiciel est à l'État embryonnaire. En effet, des petites sociétés, ONG et quelques individus ont mis sur le marché des logiciels pour couvrir des besoins génériques ou spécifiques, mais aucune de ces structures ne dispose d'un portefeuille de clientèle suffisant pour lui permettre d'assurer sa pérennité.

La gestion du nom de domaine «**cd**», est assurée par l'OCPT[1]. Cet opérateur public a néanmoins besoin d'un accompagnement technique et financier.

2.1.6. Intranet gouvernemental

Plusieurs projets de mise en place de réseaux ont été initiés par diverses administrations publiques. L'implantation de l'intranet gouvernemental en fibre optique avec le concours du Gouvernement Coréen, a débuté en 2008. Quatre institutions ont été connectées à savoir : la Présidence de la République, la Primature, le Ministère de la Fonction Publique et celui des Affaires Étrangères et de la Coopération Internationale.

En 2009, six autres Ministères ont été connectés à savoir : les Ministères du Plan, des Finances, du Budget, de la Justice, des Infrastructures, des Travaux Publics et Reconstruction, ainsi que des Postes, Téléphones et Télécommunications.

2.2. Le développement d'une dorsale Internet nationale : un impératif

Un plan stratégique de développement des infrastructures haut débit à fibre optique a été élaboré avec le concours de la Banque Mondiale. Il prévoit l'implantation progressive de 10 axes à savoir :

---

[1] Office Congolais des Postes et Télécommunications

- **Axe 1 :** Kinshasa – Muanda (terrestre), réalisé sur financement d'EXIM BANK of CHINA pour un coût de 32 millions de dollars américains. Il sera bientôt en exploitation.
- **Axe 2.1 :** Kinshasa – Kikwit – Tshikapa – Kananga – Mbujimayi – Mweneditu – Kaniama - Kamina – Kolwezi – Likasi – Lubumbashi – Kasumbalesa (terrestre et ferroviaire) : financement en cours de négociation avec EXIM BANK of CHINA pour un coût de 220 millions de dollars américains.
- **Axe 2.2 :** Kinshasa – Lubumbashi – Kasumbalesa: réseau d'environ 2300km composé de 24 fibres optiques sur les infrastructures de la SNEL (environ 50% du réseau) et le long des voies ferrées et des routes nationales: financement Banque Mondiale
- **Axe 3 :** Mbujimayi – Kabinda – Kasongo – Mwenga – Walungu - Bukavu – Kabare – Kalehe – Goma – Rutshuru – Lubero – Butembo – Beni – Bunia – Mahagi – Aru – Aba (terrestre)
- **Axe 4 :** Bukavu – Walikale – Lubutu – Kisangani – Isiro (terrestre)
- **Axe 5 :** Kinshasa – Mbandaka – Lisala – Bumba – Kisangani (fluvial)
- **Axe 6.1 :** Lubumbashi – Kasenga – Pweto – Moba – Kalemie – Fizi – Uvira – Bukavu (terrestre et lacustre)
- **Axe 6.2 :** Kolwezi – Dilolo (terrestre ou ferroviaire)
- **Axe 7.1 :** Kamina – Kabalo – Kindu – Lubutu – Kisangani (ferroviaire et terrestre)
- **Axe 7.2 :** Kabalo – Nyunzu – Kalemie (ferroviaire)
- **Axe 8 :** Kisangani – Banalia – Buta – Aketi – Bondo (terrestre)
- **Axe 9.1 :** Croisement Ubangui/fleuve Congo – Zongo – Mobayi Mbongo – Yakoma – Bondo (fluvial)
- **Axe 9.2 :** Kwamouth – Bandundu – Ilebo – Kananga (fluvial et ferroviaire)
- **Axe 10.1 :** Kisangani – Bafwasende – Mambasa – Komanda – Bunia (terrestre)
- **Axe 10.2 :** Bumba – Buta – Aketi – Isiro (ferroviaire).

Ces axes sont appelés à relier les grandes villes où des réseaux métropolitains doivent être déployés.

L'installation du réseau métropolitain de Kinshasa est en cours sur financement d'EXIM BANK of CHINA pour un montant de 32 millions de dollars américains. Il est prévu de raccorder 150.000 lignes de téléphones fixes et 15.000 lignes pour l'internet haut débit.

Le programme prévoit à court terme l'extension du réseau métropolitain de Kinshasa et l'installation des réseaux métropolitains de Matadi, Mbuji-Mayi, Lubumbashi, Goma et Kisangani, sur financement d'EXIM BANK of CHINA pour 260 millions de dollars américains.

Par ailleurs, la RDC a déjà adhérée aux projets ci-dessous :

- Projet **ACE** *(Africa Coast to Europe)* **:** implantation d'un réseau ultra large-bande par le câble sous-marin en fibre optique, long de quelques 17.000 kilomètres, reliant la France à l'Afrique du sud, qui sera opérationnel à partir de 2012. Projet de France Télécom-Orange.

- Projet **TELKOM SAT3/WASC** *(West Africa submarine cable system):* câble 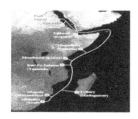 sous-marin à fibre optique qui part du Cap/RSA dans l'Océan Atlantique et se rend jusqu'au Portugal. Propriété de la société Sud Africaine Telkom SA Ltd. Quatre équipementiers ont déjà fait leur offre pour connecter Kinshasa à SAT3 par fibre optique en passant par Matadi et Moanda. Il s'agit d'Alcatel, Siemens, Huawei et Ericsson.

- Projet **EASSy** *(Eastern Africa Submarine System)* en novembre 2006: un projet de câble sous-marin de dernière génération long de 9900 km reliant par fibres optiques la ville de Durban en Afrique du Sud au Soudan. Ce projet a l'avantage de permettre à la RDC de fiabiliser son réseau interne et d'accélérer en même temps sa modernisation. Cependant, pour y parvenir, le projet nécessite un appui politique, car la mise en œuvre du projet EASSy doit être appuyée par la création d'une infrastructure de base au niveau national.

- Projet **COMTEL** : le Marché Commun d'Afrique Orientale et Australe (COMESA) a décidé de créer un réseau régional sous le nom de COMTEL permettant l'interconnexion régionale. L'enjeu de ce réseau sera également l'harmonisation des tarifs de télécommunications. L'objectif principal est l'amélioration des réseaux afin de rencontrer les standards pour une communication interétatique efficace pour appuyer la croissance des activités économiques dans la région. Le COMESA a accepté la requête de la RDC d'inclure les facilités suivantes dans le projet COMTEL :

    - Projet de liaison en fibre optique Lubumbashi – Kinshasa via Mbuji-Mayi pour relier le pays avec la Zambie, la Tanzanie et le reste de l'Afrique australe;
    - Projet de liaison en fibre optique Goma-Kisangani-Kinshasa pour assurer la liaison avec l'Ouganda, le Burundi, le Rwanda, le Kenya et le reste de l'Afrique de l'Est;
    - Projet de création de centraux de communication internationale numérique à Kinshasa, Lubumbashi et Goma.

2.3. *Informatisation des services publics et implantation d'un réseau gouvernemental intégré*

L'informatisation des services publics de l'État vise à créer une plateforme qui consiste en l'utilisation des nouvelles technologies de l'information et de la communication par les institutions publiques et gouvernementales pour rendre les services de l'État plus accessibles à leurs usagers et améliorer leur fonctionnement interne.

2.3.1. Objectifs du projet

- rendre les services de l'État disponibles sur des plateformes intranet et/ou Internet 7/7 jours, 24/24 heures ;
- étendre l'accès aux services de l'État à de nouveaux canaux de communication comme l'ordinateur personnel connecté à Internet, les bornes numériques dans les lieux publics, le téléphone portable...;
- améliorer le confort d'utilisation par la réduction des files d'attente, la mise à disposition de plus d'informations, la limitation des déplacements des usagers... ;
- structurer les services en fonction des besoins des administrés et non de la structure interne de l'administration;
- offrir le maximum de services en ligne aux citoyens et aux entreprises, notamment la déclaration des impôts, le suivi des dossiers administratifs, la consultation des informations... ;
- assurer une plus grande transparence et une pro activité de l'administration ;
- simplifier les procédures administratives notamment en diminuant le nombre de formulaires, des imprimés de valeur et d'attestations à remplir ;
- favoriser une plus grande implication et participation des citoyens (*e-citoyenneté*).

2.3.2. Démarche

- Remplacer les procédures manuelles actuelles par des procédures électroniques,
- Réorganiser en profondeur l'administration de l'État par une refonte complète des procédures de traitement.

2.3.3. Applications prioritaires

- Impact sur la maîtrise des dépenses:
  - la gestion intégrée des finances publiques ;

- la gestion intégrée des agents des services publics de l'État ;
- la gestion du secrétariat, de la documentation et des archives de l'État.

- Augmentation des recettes de l'État:
  - la gestion du sommier immobilier: cadastre et habitat ;
  - la gestion de la population ;
  - le suivi des entreprises.

- Impact social très significatif:
  - E-santé ;
  - E-éducation ;
  - E-justice.

- Portail gouvernemental
  - la carte d'identité électronique, un préalable incontournable.

    L'information doit être librement consultable sur les différents systèmes d'information des institutions.

    Cependant, pour certaines utilisations (transactions, consultation d'un dossier), une identification de l'utilisateur est nécessaire. Il faut nécessairement vérifier l'identité: c'est le processus d'authentification. Ceci peut se faire selon différents niveaux de sécurité : un mot de passe, un papier contenant une série de codes ou la carte d'identité électronique. Le plus simple et le plus efficace pour la RDC est la carte d'identité électronique, permettant l'authentification de l'utilisateur, faute d'autres systèmes fiables tel le numéro d'identification nationale, le numéro de sécurité sociale ou l'adresse...

2.3.4. Équipements informatiques

- les serveurs centraux dans le centre national de traitement des données (CNTD);

- les serveurs secondaires dans les centres départementaux de traitement des données (CDTD);
- les ordinateurs PC pour les postes de travail,
- les guichets uniques publics.

2.3.5. Infrastructures NTIC

Implantation :

- de l'intranet gouvernemental en fibre optique pour relier tous les services publics;
- des réseaux locaux dans les services publics.

3. QUELLE ARCHITECTURE POUR L'E GOUVERNEMENT EN RDC ?

3.1. Architecture Gouvernement 1.0

3.1.1. Description et caractéristiques

Les ressources Web 1.0 de la première génération, dont les sites, les pages et les services Web, étaient basées sur une technologie de balisage plutôt primitive appelée langage hypertexte ou HTML.

Contrairement aux riches logiciels interactifs, HTML est un langage statique qui contrôle uniquement l'apparence d'une page à l'écran. Même si les développeurs ont largement réussi à créer des sites Web sophistiqués qui permettent un certain degré d'interaction (par exemple les services bancaires en ligne, l'achat de billets d'avion et la recherche de voitures), les technologies Web 1.0 limitent leur champ d'action.

Les organismes étatiques qui utilisent des procédés traditionnels exigeants en main-d'œuvre, ne peuvent pas partager de façon optimale les ressources sur le plan national. Cette technologie limite le champ d'action du Gouvernement ainsi que la rapidité et l'exhaustivité de ses interventions. Ce modèle de fonctionnement en vase clos, appelé 'Gouvernement 1.0' fait place de plus en plus à la collaboration par nécessité.

3.2. Architecture Gouvernement 2.0

3.2.1. Description et caractéristiques

Le réseautage social, appelé Web 2.0 (O'Reilly, 2005), ou Enterprise 2.0 dans l'environnement des entreprises (Frappaolo, 2008), ou Gouvernement 2.0 quand il est utilisé dans le secteur public, permet la collaboration sociale.

Le Web 2.0 transforme le Web 1.0 en modèle de l'intérieur. Plutôt que d'être des spectateurs passifs, les utilisateurs résident "en réseau" - en tant que partie intégrante du réseau, et contribuent aux débats en tant que pairs plutôt que de l'extérieur.

Comme les organismes d'état utilisent des procédés traditionnels plus exigeants en main-d'œuvre, ils ne peuvent pas partager de façon optimale les ressources locales, nationales et internationales.

Ces procédés limitent le champ d'action des gouvernements ainsi que la rapidité et l'exhaustivité de leurs interventions. Ce modèle de fonctionnement en vase clos commence à faire place à la collaboration, mais c'est surtout par nécessité.

3.2.2. Avantages /Atouts

Contrairement au Web 1.0 statique, le Web 2.0 présente de riches services immersifs qui dissimulent leur origine en ligne.

Les applications sophistiquées comme Google Maps ébranlent déjà des opinions bien ancrées sur les capacités des services Web. Le Web 2.0 mise sur des plateformes et des outils de développement puissants et permet d'élaborer des espaces de collaboration dans lesquels les utilisateurs peuvent participer plus activement à la création et au partage de contenus.

4. TRANSFORMATION ET IMPLEMENTATION DE L'E-GOUVERNEMENT EN RDC

Compte tenu de la vitesse de l'évolution technologique en matière informatique et des technologies de l'information et des communications, la mise en place du scénario retenu pourrait se réaliser comme ci-dessous.

La décomposition en portails électroniques, sur base des contenus, fournit une trame directrice pour l'architecture des systèmes d'information. Cette trame est cohérente du fait de la globalité de l'approche, et stable dans la mesure où le gouvernement ne modifie pas fondamentalement la nature de ses activités.

4.1. Degrés d'implémentation

Nous donnons ci-dessus une vue globale des étapes de l'élaboration du scénario retenu, qui comporte 5 degrés d'implémentation:

4.1.1. Niveaux 1 et 2 : Établir les communications entre employés par les réseaux sociaux

- Recrutement, recyclage et formation des informaticiens
- Choix et mise en exploitation des logiciels (Blogs, Wiki, Facebook ...) des réseaux sociaux

4.1.2. Niveaux 3 et 5 : Développement des portails électroniques pour permettre les débats avec la population

- Détermination des portails électroniques/plateformes:
- Organiser le secteur public en entités sectorielles, en fonction des missions et mandats assignés aux différents ministères et autres services publics. Exemple de découpe en portails électroniques :
  - Présidence : *e-présidence* RDC
  - Secteur Économie : *e-économie* RDC
  - Secteur Social : *e-social* RDC

- Secteur Sécurité : *e-sécurité* RDC
- Secteur Affaires Étrangères (Régional, Afrique, International) : *e-diplomatie* RDC

- Acquisition et/ou conversion des infrastructures pour avoir un réseau gouvernemental intégré
  - Implantation d'un réseau gouvernemental intégré,
  - Acquisition des Serveurs, Ordinateurs PC et autres périphériques pour l'administration,
  - Installation des points d'accès Internet publics,
  - Prévoir l'accès à l'information gouvernementale par des terminaux mobiles …

- Implémentation des portails électroniques/plateformes
  - Définir les normes et les spécifications devant être utilisées par tous les services publics,
  - Intégrer les systèmes pour présenter leurs services en guichet unique, quel que soit le nombre d'organismes administratifs qui interviennent,
  - Assurer l'inter fonctionnement avec des organisations partenaires dont l'organisation interne et le fonctionnement peuvent être différents.

4.1.3. Niveau 4 : Publication des données non sensibles du Gouvernement

- Mise en exploitation des portails électroniques/plateformes
  - Vulgarisation des nouveaux outils auprès de la population,
  - Organisation des ateliers publics pour la formation des citoyens,
  - Suivi de l'exploitation et correction progressive des processus.

5. CONDUIRE ET MAITRISER LE CHANGEMENT TRANSFORMATIONNEL

C'est une chose de définir le Gouvernement 2.0 et de le comparer au Gouvernement 1.0, plus traditionnel. C'en est une autre de réaliser les changements requis pour faire du Gouvernement 2.0 une réalité.

Bien entendu, le niveau beaucoup plus grand de collaboration qui caractérise le Gouvernement 2.0 ne s'établira pas de par lui-même; il nécessitera des procédés et des outils entièrement nouveaux.

La mise en œuvre réussie du Gouvernement 2.0 exige une culture de collaboration fondamentalement différente pour la génération d'intervenants qui ont grandi avec une conception plutôt statique du gouvernement.

Malgré les arguments impérieux en faveur de l'adoption des technologies Web 2.0, le secteur public est à la traîne. Le problème réside dans l'inertie gouvernementale: les fonctionnaires doivent surmonter les barrières culturelles et adopter un style de collaboration plus souple et plus ouvert.

Les hiérarchies traditionnelles au sein du secteur public, depuis longtemps soumises à des procédés internes qui reposent davantage sur des objectifs visant les rouages internes que sur la prestation des services, doivent évoluer. Le modèle conventionnel des organismes gouvernementaux travaillant en vase clos, dans un environnement où chacun gère ses propres connaissances et informations, est chose du passé. Il doit faire place à un environnement resauté où le gouvernement établit des partenariats avec des organismes non gouvernementaux (ONG), des entreprises et des particuliers afin de relever de grands défis stratégiques.

Au moment où la technologie continue de resserrer son emprise sur le quotidien et où les générations montantes vont considérer l'omniprésence de la technologie comme normale, le gouvernement doit reconnaître ce besoin croissant et revoir sa façon de diriger, de fournir des services et d'interagir avec les parties prenantes.

Les relations changeantes entre le gouvernement, les collectivités, les entreprises, les citoyens et les autres parties prenantes poussent à poser un regard nouveau sur ce que le gouvernement est censé offrir et sur la façon dont il est supposé le faire. Au cours de cet examen, il devient de plus en plus apparent que l'ancienne façon de faire fera graduellement place à un style de leadership plus participatif.

Au moment où le Web 2.0 transforme rapidement la façon dont les jeunes socialisent et interagissent, il faut songer sérieusement aux mesures à prendre pour tirer parti de ces applications dans un environnement davantage axé sur les affaires.

Malgré leur manque de connaissances sur les technologies, les leaders du gouvernement doivent comprendre les technologies qui deviendront monnaie courante dans la société de demain afin d'en favoriser l'adoption proactive. Ceux qui ne font pas l'effort de connaître le Web 2.0 et ses répercussions globales sur la société risquent la marginalisation.

Le gouvernement doit aussi relever le défi d'attirer et de retenir les meilleurs éléments à la sortie des Universités et Écoles supérieures. Comme dans le secteur privé, le succès du gouvernement dépend de la qualité de son personnel. Cet enjeu est plus important que jamais en raison du fait qu'il est généralement admis en RD Congo que le secteur public n'est pas un milieu de travail idéal pour les penseurs novateurs.

Pour remédier à la pénurie de fonctionnaires qualifiés, le gouvernement doit créer un environnement qui attire la prochaine génération des cadres. Le gouvernement devra adopter une stratégie agressive et mener une guerre des talents de plus en plus acharnée aux entreprises du secteur privé.

Pour répondre à ces besoins croissants et impérieux et préparer la voie à une plus grande collaboration en ligne, le gouvernement devrait commencer par :

- vulgariser auprès des membres du personnel à tous les niveaux, les applications Web 2.0 et la façon dont elles peuvent améliorer les services publics;
- élaborer une stratégie en précisant les priorités de collaboration en ligne qui cadrent avec les objectifs organisationnels;

- lancer un projet pilote bien choisi pour vérifier si l'organisation est prête à adopter les principes de la collaboration en ligne;

- concevoir des politiques qui maximisent les avantages de l'adoption du Web 2.0 au sein de l'organisation;

- mesurer les résultats en établissant les principaux indicateurs de rendement qui permettront d'évaluer le succès de la stratégie;

- adopter une culture de collaboration en renouvelant constamment le mode d'interaction avec les parties prenantes en interne et en externe.

CONCLUSION

Les outils Web 2.0 permettent d'élaborer des plateformes de collaboration dans lesquelles les utilisateurs peuvent participer plus activement à la création et au partage de contenus.

Plus qu'une technologie ou un ensemble d'outils, le Web 2.0 constitue un virage culturel qui assimile Internet à une plateforme de déploiement des services plutôt qu'un simple amas de pages Web.

Une utilisation plus accrue des outils et cultures Web 2.0 par les services du secteur public élèvera le niveau de collaboration entre le gouvernement et les différents utilisateurs. La participation accrue des citoyens, des organisations non gouvernementales et du milieu des affaires aux activités du secteur public permettra au gouvernement de miser sur la capacité collective d'un nombre beaucoup plus grand de parties prenantes. Cet effet multiplicateur serait impossible si seuls les outils et procédés de première génération étaient utilisés.

Le gouvernement, en adoptant ce genre de raisonnement pourra répondre de façon plus efficace à un éventail élargi de défis, aujourd'hui et demain. La puissance de la technologie, conjuguée à l'intelligence collective, permettra au gouvernement de faire plus et de le faire mieux.

Le modèle Gouvernement 2.0 exige une vision juste de l'évolution des pratiques et du comportement tant des employés que du public. Il faut du courage, de la ténacité, un changement de culture politique... soit autant de qualités qu'il faudra développer pour entrer dans une nouvelle ère de gouvernance dynamique, collaborative, participative, accessible à tous et transparente.

BIBLIOGRAPHIE

1. Stephen GOLDSMITH et William D. EGGERS Governing by Network: The New Shape of the Public Sector, Washington, Brookings Institution Press, 2004.

2. Paul Macmillan et Andrew Medd : Provoquer ou subir le changement - L'avenir de la collaboration gouvernementale et le Web 2.0, Samson Bélair/Deloitte & Touche Research 2008

3. SUROWIECKI, James. La sagesse des foules, New York, Random House, 2004.

4. Martha Batorski et Doug Hadden, Embracing Government 2.0: Leading transformative change in the public sector, Grant Thornton LLP,2010

5. McLuhan, E. & Zingrone, F. (Eds.). (1996). A Candid Conversation with the High Priest of Popcult and Metaphysician of Media.

6. McNamara, C. (2009). Organizational Change and Development,. Freem Management Library. cfr *http://managementhelp.org/org_chng/org_chng.htm.*

7. O'Reilly, T. (2005). What is Web 2.0, O'Reilly. Cfr *http://oreilly.com/web2/archive/what-is-web-20.html.*

8. Social collaboration. (2009). Wikipedia. cfr *http://en.wikipedia.org/wiki/Social_collaboration.*

9. Socialtext. (2009). The 5 Most Critical Requirements for Enterprise Social Software. Socialtext.cfr *http://www.socialtext.com/offers/images/5RequirementsforEnterprisSocialSoftware.pdf.*

10. Web 2.0. (2010). Wikipedia. cfr *http://en.wikipedia.org/wiki/Web_2.0.*

11. Provoquer ou subir le changement, Samson Bélair, Deloitte & Touche, 2003

12. Looking at Enterprise 2.0 Technology. Forrester. Cfr *http://www.forrester.com/Research/Document/ Excerpt/0, 7211, 54277, 00.html.*

13. Alternatives ASBL, Kinshasa RDC, Étude de faisabilité pour une dorsale Internet ouverte en République démocratique du Congo, Juin 2007

14. CEA, Initiative « Société de l'Information en Afrique » (AISI) : Cadre d'Action pour l'Édification d'une Infrastructure Africaine de l'Information et de la Communication, 1995, p.9.

www.ingramcontent.com/pod-product-compliance
Lightning Source LLC
LaVergne TN
LVHW042351060326
832902LV00006B/540